AF264109

« JUSQU'AU BOUT »

PAR

MARIUS POULET

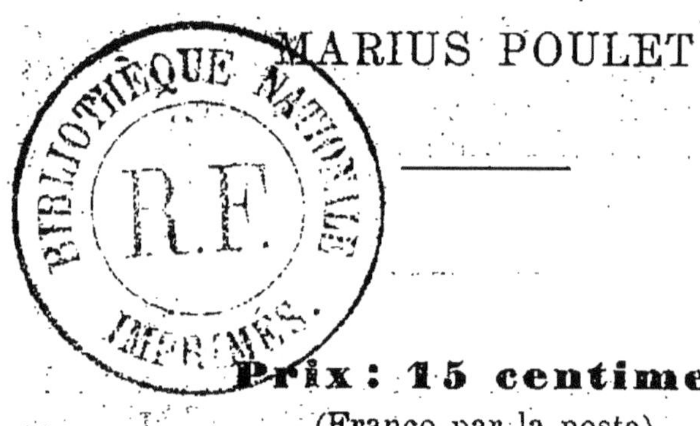

Prix : 15 centimes

(Franco par la poste)

PRIX DE PROPAGANDE

100 exemplaires...................... 10 fr.
1000 — 80
(Port à la charge du destinataire.)

Adresser les commandes à M. G. FISCHBACHER
33, rue de Seine, à Paris

PARIS

33, RUE DE SEINE, 33

1877

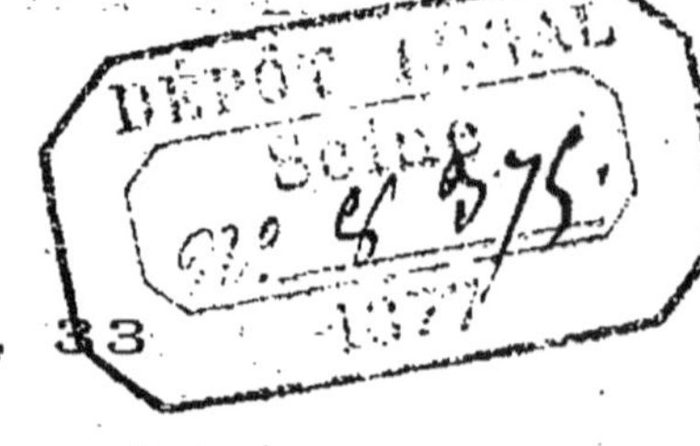

EXTRAITS DU CODE PÉNAL

ATTENTATS A LA LIBERTÉ

ARTICLE 114. — *« Lorsqu'un fonctionnaire public, un agent ou un préposé du gouvernement, aura ordonné ou fait quelque acte arbitraire ou attentatoire soit à la liberté individuelle, soit aux droits civiques d'un ou plusieurs citoyens, soit à la Constitution. il sera condamné à la peine de la dégradation civique. — Si, etc. »*

ARTICLE 115. — *« Si c'est un ministre qui a ordonné ou fait les actes ou l'un des actes mentionnés en l'article précédent, etc., etc., il sera puni du bannissement. »*

Afin d'assurer le triomphe de la véritable majorité dans les discordes civiles d'Athènes, Solon prescrivait aux citoyens, sous peine d'infamie, de prendre les armes pour l'un ou l'autre parti.

Dans nos luttes civiques modernes, luttes qui doivent rester essentiellement pacifiques, mais afin d'assurer également le triomphe de la véritable majorité, tous les citoyens doivent contribuer à l'organisation de la propagande électorale.

Que les deniers du laboureur et de l'artisan se mêlent aux écus de la bourgeoisie libérale, et le succès de la République sera définitivement assuré.

MARIUS POULET.

On rappelle que tous les envois de fonds, communications, renseignements, etc., doivent être adressés au siège du Comité électoral républicain, à M. HÉROLD, sénateur, 9, rue Louis-le-Grand, à Paris.

« JUSQU'AU BOUT »

Quelque abus que l'on ait fait de ces mots fatidiques depuis la date néfaste du 16 mai, et quoiqu'ils aient dû déjà retentir désagréablement aux oreilles du lecteur, nous l'engageons à bien vouloir parcourir ces quelques pages « jusqu'au bout. »

La France veut garder la République, et elle la gardera; l'impuissance des partis coalisés au 24 mai 1873 est là pour le prouver.

Comme l'a dit un éminent patriote, « la République est le seul gouvernement possible » en France. Il s'agit pour notre pays d'être ou de n'être pas, et son tour est venu de dire : « Je suis en République et j'y reste. »

Seulement, pour vivre en République, les citoyens français, eux aussi, devront aller « jusqu'au bout. »

Jusqu'au bout, ils devront faire leur devoir en votant pour les candidats républicains.

***

On l'a dit avec raison à la tribune de l'Assemblée dissoute : « Quand le pays aura parlé, il faudra s'incliner devant son verdict »

Le suffrage universel remettra chacun et chaque chose à sa place.

Monsieur Buffet, qui fait le MORT maintenant, le sait bien, allez.

Et alors toutes les demi-mesures devront être laissées de côté. Elles ne seront plus de mode.

***

Au lendemain du 16 mai, on menaça le pays, s'il n'était pas sage, de la démission de Monsieur de Mac-Mahon.

Le pays se rappela une parole célèbre : « l'avenir sera aux plus sages, » et l'acceptation du défi par l'opinion publique, eut pour effet immédiat de détourner de nous ce nouveau « péril social. »

Les paysans et les artisans seront donc « sages, » ils voteront pour la République.

***

En présence de l'attitude prise par le pays républicain, les ministres de Monsieur de Mac-Mahon réfléchirent, et la réflexion amena les inventeurs du « radicalisme latent » à faire volte-face.

Depuis, mais vainement, ils s'efforcent de nous persuader que, quoi qu'il arrive, Monsieur de Mac-Mahon ira « jusqu'au bout. »

Tout récemment encore, un maire imposé à Bourges, l'a affirmé, et un archevêque l'a confirmé ; il ne saurait plus y avoir le moindre doute à cet égard. Et pourtant, malgré toutes ces assertions, une foule de questionneurs indiscrets, souriant d'un sourire d'incrédules, se demandent, comme le faisait un rédacteur du *Journal des Débats* en présence de ce « jusqu'au bout » menaçant, si c'est alors la France qui s'en ira?

Et nul ne le croit, n'est-ce pas? Donc, on votera pour des républicains.

***

Comment Monsieur de Mac-Mahon pourra-t-il aller « jusqu'au bout » si sa politique personnelle est désavouée par le pays?

D'abord, on ne dissoudra pas de nouveau la Chambre républicaine, quoi qu'on en dise, et cela pour plusieurs raisons : la première, c'est que le Sénat, devant la manifestation éclatante de l'opinion publique, refusera cette fois son « avis conforme » ; ensuite, c'est que le budget de 1878 n'est pas encore voté et qu'il doit l'être en 1877. S'il ne l'était pas, on ne pourrait percevoir un centime d'impôt.

Enfin, c'est que la Chambre doit siéger au moins cinq mois chaque année, ce qui ne pourrait avoir lieu si elle était de nouveau dissoute après sa rentrée et le vote du budget, et surtout si, comme les organes réactionnaires l'y encouragent, le gouvernement de Monsieur de Mac-Mahon dépassait le maximum des délais légaux pour convoquer les électeurs.

***

Tous les raisonnements des ennemis

de la République aboutissent, en définitive, à celui-ci : La Constitution n'a pas déterminé le nombre d'appels que le pouvoir exécutif aurait le droit d'adresser au pays. « Cela est vrai, a répondu le *Journal des Débats*, mais savez-vous pourquoi la Constitution a gardé sur ce sujet un silence absolu? C'est qu'*elle n'a pas prévu que le gouvernement pût tomber entre les mains d'hommes fous ou criminels, d'insensés ou d'aventuriers*. Or, il faudrait l'être pour songer à une mesure de ce genre.....

« Le maréchal n'a pas le droit de gouverner une heure contre la volonté nationale. Du jour où cette volonté sera nettement, solennellement proclamée, il devra s'y soumettre comme tout le monde ou renoncer au pouvoir. »

⁎⁎⁎

Ce qu'il y a d'étrange dans les faits qui s'accomplissent sous nos yeux, c'est que ceux qui ont amené la situation actuelle semblent ne rien avoir appris ou retenu des grands événements politiques de notre siècle, événements qu'il est utile de rappeler.

Un autre fait à signaler, c'est la conduite de tous les fonctionnaires publics s'ingéniant à interpréter les lois dans leur sens le plus restrictif, et ces mêmes fonctionnaires attaqués ou poursuivis devant les tribunaux pour abus de pouvoir.

De tels exemples sont peu faits pour inspirer le respect de l'autorité.

⁎

Que nous apprend l'histoire du passé sur le compte des gouvernements qui ont voulu abuser de leur pouvoir?

Bornons-nous aux enseignements du siècle où nous vivons. Napoléon Ier, malgré d'éclatantes victoires, pour avoir voulu aller « jusqu'au bout », fut forcé d'abdiquer et s'en alla mourir sur un rocher perdu dans l'Océan, à Sainte-Hélène.

Charles X, voulant maintenir « jusqu'au bout » sa politique d'ancien régime, subit l'humiliation de voir revenir les députés libéraux qu'il avait si royalement congédiés.

A leur retour, les 221, et le peuple des faubourgs répondirent aux Ordonnances par les journées de Juillet, et le vieux roi abdiqua comme Napoléon. Au lieu de rester « jusqu'au bout, » on le vit s'enfuir précipitamment de Saint-Cloud, sortir de France, gagner l'Angleterre, et aller finir ses jours à Goritz, en Autriche.

Louis-Philippe, refuse d'admettre les « capacités » au scrutin, c'est-à-dire une simple réforme électorale. Lui aussi veut aller « jusqu'au bout », et finalement, le 24 février 1848, il est trop heureux d'emporter son parapluie et de trouver un fiacre pour gagner la frontière.

Ce premier « roi des Français » qui, par parenthèse, a été le dernier, va mourir à Claremont.

Enfin, Napoléon III devait également rester « jusqu'au bout » pour « couronner l'édifice. » Sa misérable fin est encore trop récente pour qu'il soit nécessaire de rappeler la lâcheté dont il fit preuve sur le champ de bataille. Lui aussi, est mort en Angleterre.

**

En résumé, tous les « honnêtes gens » dont il vient d'être question avaient déclaré et fait annoncer leur ferme volonté d'aller « jusqu'au bout ». Mais les événements ont été plus forts que leur volonté. La preuve en est qu'ils sont tous morts en exil.

Monsieur Thiers, au contraire, en donnant sa démission au 24 mai, par un scrupule de légalité peut-être excessif, a conservé, grâce à la correction de cette attitude, des chances de revenir aux affaires.

Puisse le retour des 363 réaliser l'espoir de tous les bons patriotes en nous conservant la République et en la rendant indestructible !

Il faut pour cela voter pour des républicains.

⁎

Les prochaines élections devant décider souverainement des destinées de la France, il est nécessaire, avant le vote, que les électeurs sachent bien dans quel sens ces mots «jusqu'au bout», que Monsieur de Mac-Mahon s'est plu à répéter et à faire répéter, doivent être entendus.

L'homme qui a été appelé à la plus haute magistrature de l'Etat par la majorité réactionnaire du 24 Mai, s'est-il servi de l'expression « jusqu'au bout » pour intimider les électeurs républicains?

Ou est-ce pour donner du courage aux monarchistes et les faire voter pour les candidats officiels?

Ou bien a-t-il voulu dire seulement qu'il resterait Président de la République jusqu'en 1880?

On peut supposer qu'il n'a pas voulu dire autre chose.

⁎

Si, après avoir, au nom de l'ordre moral (deuxième édition), invoqué tous les vieux clichés du vocabulaire réactionnaire : péril social, idées subversives, radicalisme latent, etc. ; si, après avoir solennellement affirmé dans un Message que la loi des majorités devait être la règle d'un gouvernement parlementaire ; si, après s'être mis directement en cause devant le pays, néanmoins les 363 étaient réélus, Monsieur de Mac-Mahon pourrait-il rester au pouvoir?

Et, dans ce cas, quel prestige, quelle autorité politique conserverait-il?

*
**

Les feuilles réactionnaires se sont emparées de l'expression « jusqu'au bout » et s'en servent comme d'une arme contre les républicains.

L'une d'elles, la *Défense*, n'a-t-elle pas osé déclarer que la présidence de la République jusqu'en 1880, appartenait en toute propriété à Monsieur de Mac-Mahon !

Bonne et sainte *Défense*, va ! On reconnaît bien là les théories d'un aspirant cardinal.

On a pourtant nié que nous eussions un gouvernement de curés.

Eh ! qu'arriverait-il donc si les prêtres étaient au pouvoir? Quelles plus étranges théories les journaux cléricaux pourraient-ils soutenir?

Des feuilles entretenues n'ont-elles pas affirmé qu'aller « jusqu'au bout » voulait dire que Monsieur de Mac-Mahon resterait Président jusqu'en 1880, et même au-delà?

Tant que les lois constitutionnelles ne seront pas révisées, les prescriptions légales concernant la présidence seront obligatoires pour tous. Nul doute que Monsieur de Mac-Mahon ne s'inspire du résultat des élections prochaines pour la conduite à tenir, après l'échec certain qui attend son ministère.

*
**

Bien des républicains croient, il est

vrai, que, par ces mots « jusqu'au bout, » Monsieur de Mac-Mahon a voulu dire simplement qu'il resterait Président jusque après les élections, mais qu'il donnerait sa démission si elles lui étaient défavorables.

Il en est encore qui disent que la promesse d'aller « jusqu'au bout » était nécessaire pour soutenir et encourager les fonctionnaires auxquels on a confié la rude tâche de « sauver » le pays, qui ne veut pas du tout être sauvé par ces étranges sauveurs.

En effet, si Monsieur de Mac-Mahon avait déclaré, après le 16 mai, qu'il quitterait la Présidence, en cas d'échec dans les élections, aucun réactionnaire, excepté peut-être quelques gens besoigneux, retour de Poissy, et autres bonapartistes, n'aurait voulu lui prêter son concours ni accepter aucune place.

Et, entre nous, n'est-ce pas? nous pouvons le dire sans trop de goguenardise : ceux qui ont refusé les fonctions qu'on leur avait proposées ne sont pas les moins malins !

✱[✱]✱

Il reste bien encore un autre point en suspens, tel que la perspective d'un coup d'État, par exemple, mais il nous répugne d'examiner cette éventualité.

Donc, quand on nous dit que quoi qu'il arrive, Monsieur de Mac-Mahon ne donnera pas sa démission, il est clair qu'on reste dans le champ des interprétations, qu'on n'affirme rien de certain, loin de là.

Non, après que le suffrage universel aura été faussé par une pression inouïe rappelant les plus mauvais jours de l'empire; après que les ministres auront, comme sous ce régime de honteuse mémoire, rétabli la candidature officielle; si, après avoir dissous les conseils municipaux et les cercles, fermé les cafés et cabarets, révoqué les maires et les adjoints, brisé les loges maçonniques, abattu les arbres de liberté, supprimé les dessins des journaux illustrés, essayé de transformer les employés de chemins de fer et autres grandes administrations en muets du sérail; si après avoir usé de menaces à l'égard des marchands de tabac et des agents des postes, après avoir rétabli une censure arbitraire, traqué la presse, les écrivains et les orateurs libéraux; si, malgré tous ces excès de pouvoir, tous ces abus et toutes ces entraves apportées au libre exercice de nos droits de citoyens, la France renvoie une majorité républicaine à Versailles, il est de toute évidence que les ministres tomberont et..... que Monsieur de Mac-Mahon lui-même ne pourra aller « jusqu'au bout. »

***

Les « protégés de l'empire » ayant à

leur tête M. de Broglie, dont l'ambition est si funeste à la République, s'insurgent contre les tendances libérales du pays.

Dans tout ce qui se passe depuis le 16 mai, on voit clairement qu'ils ont déclaré la guerre, une guerre à outrance, au parti libéral.

Les hommes noirs, les hypocrites, les nullités, tous les contempteurs de la science moderne, la coalition des courtisans et des souteneurs de..... priviléges veut barrer la route à la Révolution.

Aux principes de 89 et à la Déclaration des Droits de l'homme, ils opposent le Syllabus et le : *Credo quia absurdum.*

Comme toujours ils sont du côté du manche et ils abusent des faveurs que la tolérance ou la législation leur ont accordées pour combattre la République.

Il faudra les faire rentrer dans le droit commun.

Tout ce monde-là méprise ou craint Jacques Bonhomme, et, en haut lieu, on s'est proposé de le mater.

La lutte est engagée ! Pour en sortir vainqueurs, il nous suffira de nommer des candidats républicains.

✸✶✸

Fils des hommes de 92, nous n'avons rien oublié des hontes et des misères que les monarchies et leurs partisans firent endurer à nos aïeux. Afin de préserver la France des maux qu'un tel régime déchaînerait de nouveau sur elle, nous voterons pour le maintien de la République.

Fortifiés par le travail et l'étude, nous voulons être libres ! Et quand nous voyons dans les conseils du gouvernement des hommes dont les opinions politiques appartiennent aux régimes que le pays a tant de fois répudiés depuis la Révolution, il nous semble que la patrie est en danger, parce que toutes nos libertés sont menacées !

Pour redevenir libres, nous voterons pour des républicains.

**

Aux réactionnaires de toutes les nuances qui veulent étrangler la Liberté, nous dirons : Vous traînez après vous le passé et ses ténèbres, l'inquisition, la dîme, les corvées, le droit d'aînesse, la Bastille et la servitude sous toutes ses formes, vous représentez toutes les injustices et toutes les tyrannies.

Quand vous vous appelez l'Empire, c'est le parjure et le despotisme, c'est l'invasion, c'est la patrie mutilée et ruinée !

Quand vous vous appelez la Restauration, c'est la persécution politique et religieuse, c'est la distribution des biens et des richesses du pays aux anciens émigrés, traîtres à la patrie !

Quand vous vous appelez la monarchie de Juillet, c'est le leurre des promesses libérales, c'est le refus de toute réforme électorale et l'abaissement de la France aux yeux de l'étranger !

Et, vous, les représentants de toutes ces iniquités, vous voudriez que nos votes fussent acquis à vos candidats ?

Non ! non ! nous voterons pour des républicains !

***

A toutes vos manœuvres et à toutes vos provocations, les citoyens sortis des « nouvelles couches sociales » répondront: « Nous voterons pour les candidats républicains, parce que nous voulons la suppression de tous les abus et priviléges qui ont survécu à la Révolution. Nous nommerons des républicains pour marcher à l'avénement de la Justice sociale par la Liberté ! »

***

Et maintenant, que la parole soit donnée au pays !

Oui ! confiant dans l'avenir, calme et fort de son droit, le peuple votera pour les candidats républicains.

Au grand jour de la lutte électorale, son cri de ralliement sera : Aux urnes ! pour la Paix ! pour la Patrie ! et pour la République !

BROCHURES DE PROPAGANDE RÉPUBLICAINE

Les 363 sont-ils des Radicaux ? *Un Mot sur la politique,* par JEAN-PIERRE GIRAUD, cultivateur et ancien fourrier. — Prix : 10 centimes, *franco* par la poste.

Qu'arrivera-t-il après les élections ? *Encore un Mot sur la politique,* par JEAN-PIERRE GIRAUD, cultivateur et ancien fourrier. — Prix : 10 centimes, *franco* par la poste.

Prix de propagande de ces deux brochures :

5 fr. les 100 exemplaires } port en sus.
60 fr. les 1.000 exemplaires }

L'Histoire de notre temps, racontée par JACQUES SINCÈRE à ses amis des campagnes. — Prix . 10 centimes *franco* par la poste.

Le Cléricalisme et les prochaines Élections, par GEORGES MAUGER. — Prix : 10 centimes, *franco* par la poste.

Prix de propagande de ces deux brochures :

7 fr. les 100 exemplaires } port en sus.
60 fr. les 1.000 exemplaires }

Les Hommes de Mai devant les Républicains, par ALFRED BERTHEZÈNE. — Prix : 15 centimes, *franco* par la poste.

Prix de propagande :

10 fr. les 100 exemplaires } port en sus.
80 fr. les 1.000 exemplaires }

Adresser les commandes à M. G. FISCHBACHER, 33, rue de Seine, à Paris.

Paris. — Imprimerie Nouvelle (ass. ouv.), rue des Jeûneurs, 14. G. MASQUIN, directeur.